Penínsulas Extrañas

Poesía 1990-2010

Gustavo Arango

Penínsulas Extrañas

Poesía 1990-2010

Ediciones *El Pozo*
Oneonta, New York

© Gustavo Arango
Primera edición, diciembre de 2014.

Ediciones El Pozo
37 Fairview Street, apt 4
Oneonta, New York
13820. USA

ISBN: 978-0-9884286-8-3

Printed in U.S.A.

El aprendiz de náufrago / 9

De los suburbios de la vida / 23

Penínsulas extrañas / 35

Arco iris nocturno / 75

El aprendiz de náufrago

Mi historia

Pronto habré reunido la tristeza necesaria
  para escribir mi historia

Pronto, esta noche tal vez
  o mañana temprano,
  la vida me dará lo que me falta:
  la opresión, el dolor, el desencanto,
  el vacío, la rabia o la dicha postrera
  para no esperar nada y saberme concluido
  ajeno para siempre a lo que pasa

Entonces seré libre
  para componer mi canto,
  el último grito del que sabe que se marcha
  y –sabiéndose perdido–
  se rebela cantando a las piedras
  hablándole al olvido

Y hay algo de alegría en esta espera,
  algo de regocijo
   en este aliento recortado
     que aguarda con paciencia e imagina
       la desgracia que llegará a colmarlo
     y a expatriarlo para siempre de la vida

Epitafio

Pasó una buena parte de su vida
buscando una ocasión
para ponerse a descansar

Ahora que la tiene
añora hasta el delirio
la luz de su cansancio

El aprendiz de náufrago

Antes de zarpar
recuerda

Siente la noche caer
          y recuerda
     la eternidad futura de su ausencia
el paulatino y veloz esfumarse de sus gestos
en memorias demolidas por los días
en papeles roídos por las noches
                  más oscuras

Y antes de irse y quedar
        por unas horas
          flotando a la deriva
se arrastra por la orilla

  y escribe un alarido

Gustavo Arango

El corazón y la tormenta

> *Esa unión breve pero viva*
> *de un corazón atormentado*
> *unido a la tormenta*
>   Lermontov

Escribo en medio de una tormenta
Llueve y la lluvia se escurre caudalosa sobre mí
Chorros de agua como cascadas
    por la cabeza, sobre los hombros y en el papel

Escribo bajo la luz de los relámpagos
   bajo grietas que sacuden y enceguecen
Lo demás es completa oscuridad

Escribo con una pluma de tinta negra
sobre un cuaderno cuadriculado

Escribo lo que viene a mi cabeza, lo que pienso,
   de la lluvia, de la noche
     y la amargura de unas gotas
Escribo sobre aquel árbol, sobre la pluma
                         y sobre el papel

Escribo sobre la fuerza que me detiene
                       bajo la lluvia
Sobre el refugio que ahora no busco
Sobre mi piel y sobre el agua
que se ha colado por los zapatos

Escribo sobre los dedos de mis manos
  sobre sus yemas arrugadas
sobre el sonido de las corrientes
  que se deslizan en el terreno

Escribo.

Escribo y escribo

Escribo hasta que la lluvia se haya marchado
 y sobre el frío
   sobre el silencio lento y mojado

Sobre el regreso
  con el cuaderno donde los trazos
crecen florecen y se desbordan hacia el olvido

RAZONES

Porque siempre hay vestigios
 de la terca esperanza,
aun cuando sea tarde
 y amanezca en un cielo
  donde nada se sabe

Porque siempre es de noche
 a pesar de esa estrella

NUNCA SABRÉ

Nunca sabré cuáles fueron
 las últimas palabras de mi padre

Nunca sabré si, al marcharse,
 consiguió recordarme

Nunca sabré si alcanzó a imaginar
 mis blasfemias por haber seguido vivo

Pero si la vida sigue

Pero si la vida sigue
si se obstina
el cuerpo en funcionar
y la cabeza en pensar
por algo será

Oración

Señor
Ayúdame a enfrentar
mis dichas venideras
que yo sé bien qué hacer
con mis desgracias

COMO EL HOMBRE QUE ACEPTÓ

Como el hombre que aceptó
　beber la certidumbre de su muerte
próxima, inminente,
y trató de reír a pesar de la prisa
　del último plazo
y entendió como todos
　que la cita importante
　por mucho que sepas
　sigue siendo imprevista
　y nos subyuga incrédulos
　inundados de sueño
　reacios a decir adiós o gracias

Como el hombre que huye
　sin saber por qué huye
y apremia sus pasos
　a pesar de la duda

Como el niño intrigado
　que pregunta a su padre
　de dónde viene el viento
o mejor como el padre
　que busca una respuesta
　que no sea un engaño

Penínsulas extrañas

Como quien cree en algo
en lo que nadie cree

Sé sí que nada sé
y que la nada no es
también lo sé

De los suburbios de la vida

DE LOS SUBURBIOS DE LA VIDA

Agradeció el calor
  que sacudió su cuerpo
  anestesiado de cansancio
el hervor de la sangre
  derritiendo caminos
el rocío en la frente
la acogida callada
la ternura el entusiasmo
el tiempo transcurrido en el vacío
el adiós cauteloso
el pacto y la promesa
en los cómodos rincones de la noche
en los suburbios de la vida

Tu palabra

Me dices
　me pronuncias
　me relatas

Soy un vocablo denso
　suspendido en el aire
el horror y la dicha
　de estar vivo y muriendo

Soy una palabra tuya

¿RECUERDAS LA PALABRA...?

¿Recuerdas la palabra
que escribimos esa tarde?

Yo tan solo recuerdo
 la furia de la pluma
la lluvia de la tinta en el papel

Soy la porción de tu ausencia

Soy la porción de tu ausencia
 el sabor de tu boca
 la ansiedad de tus formas
 el olor que vas dejando entre las ramas
 el eco de tus suspiros

Soy la sombra de tu sombra

Cameronta Soler

A solas en mi cuarto
　a oscuras y dormido
oí que me decía

"Soy eso que tú buscas
　y no se halla en una sola persona

"Soy el placer del mundo reunido"

Hoy guardé tu recuerdo

Hoy guardé tu recuerdo
 con el río y los besos
 con tu cara y tus manos
 con el sol que se pone
  donde no debe hacerlo

ESA QUIETUD QUE HIERE MUY ADENTRO

Esa quietud que hiere muy adentro
ese aire que me resigno a respirar
este viernes perdido para siempre

Manos que lloran con paciencia
Aquí sólo está lo que no está

Gustavo Arango

La casa bajo el agua

Alguien
  no es claro quién,
asegura que fue el viento de las rosas
  o el sudor de unas manos
  o una suma de llantos
  o el temblor de una flor humedecida

Quizá la soledad ayudó un poco
  a llenar y colmar
    recipientes y vasos
    bañeras y fuentes
  a volver navegables
    rincones olvidados

La casa está inundada
  pasillos venecianos
  escalas de cascadas
y en una mesa alta
  muy lejos de las aguas
una canoa espera
  al pescador perdido
  por un amor sangrante

SI ALGO PEDIR PUDIERA PEDIRÍA

Que no me ame
como yo la amo
que no muera de amor

Tan sólo que consiga recordarme
–y que el recuerdo sirva para algo–
cuando su corazón esté anegado de dolor

Penínsulas extrañas

ROJHAYHU

"Soy tupí-guaraní,
nací en el Paraguay"
  dices mientras me aferran
  tus ojos de jaguar

"Y conoces la lengua"
  pregunto con voz débil,
  con gesto quebradizo
  feliz, sin voluntad

"Sólo sé unas palabras.
  Sé decir: Rojhayhu"

"Rojhayhu" te respondo
"Rojhayhu" dices tú

y te alejas sonriendo
  confiando en que algún día
  entienda tu maldad
pensando que fue fácil
  que fue hermoso y fugaz

Gustavo Arango

LUX AURUMQUE

La luz es más terrible que las sombras
más enigmática
uncanny
misteriosa

Muero a raudales negros
bajo tu luz dorada

LA SACERDOTISA

"Tal vez" me dijiste
 "viajar te devuelva
 la luz que has perdido"

Tal vez no sabías
 que ya tus palabras
 lo habían conseguido.

Gustavo Arango

YUCATÁN

*Las lunas y los cielos,
la claridad y el viento,
encuentran sus caminos y se marchan*

Versión de un texto maya.

1

Los pies desnudos
 en el mar y la tierra

La casi luna llena

Las manos en la arena
 tejen una promesa

2

Volando en el agua
 contigo en el alma
 me fue concedida
 la llave del mar

3

En la profunda
  sombra del zapato
el escorpión
  espera al caminante

4

La clara luna llena
  el aire transparente
el lento estigma negro
  en el lienzo del mar

5

Fruta tropical

Obsedido y ausente
  muerdo la carne dulce del tiempo

6

Iguana

Cuando las piedras
  tienen hambre
    salen a caminar

7

Soy un coro incansable
un furor soterrado
una voracidad
        que se devora
que estalla en colores
Un trasegar constante
entre nunca y ahora

Soy la selva que mira
  su rostro inconcebible
y luego se abandona

8

Rumor de batalla

Dieciséis
  silenciosos soldados
    viajan la pirámide

Llevan cascos rojos
  sus patas son largas

Cuando uno se mueve
  se mueven los otros

A veces olvidan
  si huyen de la muerte
  o van a buscarla

9

A las seis de la tarde
 a la hora en que los mapaches
  ávidos y puntuales
 atienden el llamado
  del manjar de los dioses
 y el cazador despierta
  su avidez y sus armas
supe que procurarte
 también era una forma de marcharme

Gustavo Arango

La suerte del lápiz

Envidio la suerte
　peregrina, insensata
del que muere feliz
　entre tus manos

Del viajero de todos tus paisajes

De tu gozoso esclavo

El lamento del lápiz
　no es por lo que le pasa
sino por las palabras
　que seguirán viniendo
　　después de que se vaya

Penínsulas extrañas

TULUM

Arriba
  en el borde del acantilado
un ángel se encoge
  lo cubren sus alas
espera a los niños
  que están en el mar

La lluvia ha dispersado a los turistas

Solo quedan las ruinas
  impasibles y eternas
asomadas al mar

Liberada del tiempo
  la criatura sin nombre
cabalga las olas
  silba en el vendaval

a Tammy Cook

Gustavo Arango

Los caballos saltan de anticipación

Los caballos saltan de anticipación
  quieren que sea el momento
se impacientan de emoción

Nada será igual
  nada es
desde la noche anterior

Por eso está en pie
  antes de que salga el sol

El cuerpo también sabe
  qué nobleza
    qué belleza
      qué color
  qué manera del sudor

    y salta de la cama lleno de anticipación

La noche pasada, antes de dormirse
arrojó a los vientos una confesión

Espera, imagina,
no está preocupado
sólo está saltando de anticipación

Penínsulas extrañas

La tarde pasada, jugando en las olas
sintió que llamaba lo definitivo

Y a pesar del miedo
  y las rodillas flacas
y de que las rocas
    también le advirtieron
    que no sería fácil,
supo que el momento
    había, al fin, llegado

Y ahora está saltando de anticipación

Gustavo Arango

LAVINIA Y EL AIRE

Porque llega el momento de historiar las batallas
debo reconocer que he atesorado encuentros

Aquel día, el primero, saliste de la nada

–Después supe que irrumpías
en el mundo como el aire
que no dejabas puerta sin tocar
alma sin escrutar–

Otro día llevabas sombrero
y lo llené de elogios

–Siempre que estoy contigo
me vuelvo metonímico–

Después empecé a verte con frecuencia,
Siempre que te miraba me parecías mentira

Recostado en las sombras,
  instalado en el sueño
  que transcurre constante,
mirando a las latinas
   de nombres alemanes,
  hablar de guaraníes
  y de selvas salvajes,
me pregunté qué haría
  si pudiera quitarme

Penínsulas extrañas

muchas horas de vida,
  muchas millas de viaje

El día del estigma
viajaba por el mundo
disperso hipotecado
gesticulé hacia ti un saludo vago

–Como un muerto que se mueve
  por la inercia de cuando estaba vivo,
como alguien que ignora que ha llegado la hora,
  di dos o tres pasos antes de entender
    y volverme a mirar–

Pocos días después
  los ojos en los ojos
dijimos "Rojhayhu"
  en una multitud.

Hace ya trece días que no dejo de verte
  te busco y me sonríes desde todos los rostros

–y empezamos a herirnos con palabras;
como hormigas tenaces, decidimos matarnos–

Después de la jornada más intensa
me quedé preguntándome
dónde estaban mis lágrimas

Dos cosas necesito para sentirme vivo
La claridad del aire es una de esas cosas

Gustavo Arango

FROM AGES GONE BY

One day, far away,
  scholars will wonder
    if Steve really existed
  or he was just a character
    that centuries made

Some will say
  he did, indeed,
walked by this earth

But others will argue
 that his famous poem
cannot be created
  by only one head

And while those fools argue
  people will repeat
his immortal verses:

"The flavor of the neighborhood
floats through the air,
as we dine luxuriously on meatloaf"

AHÍ VAN, ABRAZADOS

Ahí van, abrazados caminando a tres piernas
devorando distancias masticando limones
y bebiendo tequila y tragando cerveza
en una competencia

Saben que la victoria está negada
que otros competidores pasarán como flechas

Ocho bares dispersos en las calles repletas
   serán las estaciones
de ese viaje a los fondos de una extraña belleza

En los veintitrés años del hijo aquí en la tierra
nunca ha estado tan cerca

Sudan, corren, tropiezan, se preocupan, a veces,
   por viejos corazones, por vómitos sapientes,
también por imprudencias

Y al llegar
        a la meta,
los observo extasiado

Y entre euforia y abrazos creo sentir la tristeza
   del tiempo y el olvido que fueron derrotados

a Steve y Sean Cook

Gustavo Arango

MI RODILLA DERECHA SE QUEJA A CADA PASO

Mi rodilla derecha se queja a cada paso
Tengo en el rostro un campo de batalla
     Como mal y a deshoras
Tengo que maltratarme hasta quedar exhausto
     para acceder al sueño
He blasfemado
  hasta vaciar de sentido mis palabras
He odiado
  hasta encontrar consuelo en la idea de matar
He frecuentado la impureza, el desprecio,
                     el abandono
He estropeado sin tregua todas mis esperanzas
Mis ojos no distinguen ni trazos ni distancias
Mi boca huele mal
        y mis zapatos

Tal vez porque la culpa lo corroe
Dios quiso darme el don de las palabras

y quiso que te viera y me miraras

MAÑANA PARECE UN FUTURO REMOTO

Mañana
  parece un futuro remoto

La noche de hoy mismo
  parece a mil años

Gustavo Arango

Promesas temerarias

–Con el perdón de Gilberto–

He sabido de un hombre
  que cuenta las hojas
  de cada tercer árbol

He sabido de otro
  que cada día jueves
  recorre la ciudad
  saltando en una pierna

Prometieron hacerlo hasta el fin de los días
  y es posible que cumplan sus promesas

Hay alguien que dedica
  al comienzo del mes
treinta horas continuas
  a agarrar sus orejas
con las manos opuestas

Y hay otro que canta
  los nombres y apellidos
  de todas sus tías
  en orden de edad
  de mayor a menor
y después al revés
  en el techo de un bus

Pero hay también un hombre
que a veces es John Patterson
o cierto general
otras, doctor Mc Gregor
a veces,
Walter Carstairs
y a veces Sam Slugh
and none of the endorses the promises they do

Hay cierta emoción que sólo es conocida
  del soldado que ama su bandera,
    del asceta que muere de hambre
      en busca de la luz,
del amante que al fin toma su propia decisión

Short as the moment of his resolve might be
it was, like all great moments,
a moment of immortality

La libertad sería incompleta
  si no fuera
libre para entregarse

If insanity is involved at all
it is a little insane not to do so

Prospera en todos lados la ciudad
  de los triviales pecadillos,
en ella abundan las rutas de escape
  y las puertas traseras

Bajo todas las lunas y las tercas estrellas
  la luz que más brilla es el fuego
quemando mis naves

Canción de madrugada

Estremeces audiencias
　con tu voz insensata
y derrumbas murallas
　de ciudades antiguas
y destrozas incautos
　con tu rostro de escena
y te elevas a alturas
　agudas, solitarias
y derramas luz clara
　eclipsando la nada
　　terremoto de trinos
　　vendabal de cigarras

Refugiada en mis brazos
　agotada y contenta
traes brisas saladas
　sueñas sueños de ausencia
　glorificas mi insomnio
me regalas el mar

Despierto

Despierto
  y veo por la ventana
la ansiedad de la ardilla
  el sigilo del ciervo
la altivez de los pájaros
  y la lluvia feliz

Naciendo y muriendo
  en el paisaje de tu nombre

Gustavo Arango

Si muero ahora mismo

Si muero ahora mismo
  quiero que quede claro
el hecho enorme y simple
  de que he sido feliz

No me ha faltado nada
  ni dolor ni tristeza
ni el beso de la dicha
  ni el infierno paciente
de una gran soledad

Ni el cielo de haber sido en ti
  y uno contigo

Escandinavia

> *"To thyself be—enough!"*
> Henrik Ibsen, 'Peer Gynt'

1

Estar allá
 será
como habitar
 un planeta
  inconcebible
con el arriba
 y el abajo trastocados
con el abismo
 esperando
al doblar una esquina
 o, tal vez,
la madrugada

2

Pregunta

¿Desaparecerá
 algún día
la sensación
 de que todo
desaparecerá?

3

Zonas horarias

Y cuando la noche
 debía ser más noche
un sol decidido en la ventana

4

Hay un mapa del mundo en la pantalla
Ahora mismo es mediodía
 cerca de Sri Lanka
Un sol diminuto en el mapa lo señala
Ahora no

Ahora mismo es mediodía en otro sitio
 más cerca de Sri Lanka
Ahora no

Ahora es mediodía en Sri Lanka
el sitio de la tierra
donde un día moriré

5

Las horas son testigo
 de una transformación
crujen las estructuras
 y las paredes del alma
En adelante será fácil
Me bastará recordar
 la promesa temeraria
 para saber quién soy

6

Por primera vez
  siento que Borges
  tiene algo
que envidiarme

7

El capitán ha dicho
  que hace un frío
  tranquilo
en Oslo esta mañana

Un grado sobre cero
  unos copos de nieve
que suben hacia el cielo
  y uno que otro
  extranjero
    con el rumbo perdido
y el corazón ardiendo

8

Nieve menuda
  blancura
sonidos apagados
palomas hambrientas
de cuellos tornasolados

Qué lejos estás de todo

9

Y pensar que este
  mundo impensable
ha venido transcurriendo
  ajeno por completo
  a mi existencia

Aún aquí y ahora
 es como si
   no existiéramos
el uno para el otro

Penínsulas extrañas

LEYENDAS NORUEGAS

El tonto que siguió el deshielo
  fue el primer noruego
La niña de tres años trajo
  la peste negra
Dentro de la tierra hay mujeres con cola
Los duendes estallan si salen de día
Dios estaba loco cuando hizo este paisaje

a Øystein Schejtne,

SNØBLIND

Enceguecido por la luz
Perdido en la blancura

Del color al blanco
Del ruido al silencio
Del corazón al alma
Del espíritu al cuerpo

Me recuerda el olor de su piel
Me recuerda el sabor de sus besos

Diálogo de sombras

"Mi reno no es de este mundo",
dice uno
"Como ofrecer monedas al rey Midas",
dice otro

Beben y están felices y desafinan
 canciones de orígenes remotos

Pero no todo el mundo está feliz
 y una belleza avergonzada
viene a expulsarlos del paraíso

La noche es fresca, tolerable
Las sombras de los tres crecen, se alargan
interminables por las calles
que Ibsen frecuentaba

Uno busca atraparlas con la red
de una cámara. Otro agrega inspirado:
"Cuando los cuerpos se marcharon,
las sombras siguieron hablando"

Gustavo Arango

EN MEDIO DE UNA NOCHE

En medio
  de una noche
que no sé
  si es noche o día
tendido
  en una cama
    donde nunca
      otra vez
    me dormiré
en el espacio
  enorme
    y fugaz
  entre dos sueños
sentí
  que la piel
    me abandonaba
que mis venas
  y músculos
    y el tejido de nervios
dolían en el aire
que mi ser
  estallaba
    en surtidores negros
    en minúsculas lavas
que me iba sin remedio
que nunca más sería

y cuando
  me entregaba
al olvido
  y la nada
en medio
  de esa desnudez
    que me extinguía
me visitó tu nombre
  supe al fin
    la respuesta
      a la pregunta
    de mis células
supe al fin
  lo que nunca
    hasta ahora
      me fue dado saber
el lugar del sosiego
  el final y el comienzo
    la fugaz alegría
y me dormí
  estallando
    como olas
      en tu piel

MI CUERPO YA NO EXISTE

Mi cuerpo
　ya no existe
si tus manos
　no lo nombran

Mi piel es una ausencia

QUÉ LEJOS

Que inmensa esta mesa
 que ahora nos separa

Ahora mismo
 mi vida
te siento más lejos
 que en esos parajes
donde te extrañaba

Gustavo Arango

BIENVENIDA

Welcome
 to the painful side of love

Life seems more enlivened
 when you see it from this side

and every other minute
 you think you're gonna die

THE TREE OF HOPE

There is a curious tree
 which prospers all around
What an amazing tree
 the most stubborn one

It neither needs of water
 nor air
 not even soil
it might be enough
 a promise
 a 'Maybe'
 or a 'Perhaps'
and when it's used
 to miracles
 a 'Might not'
could be enough
 to get its juices flowing
to make its flowers gleam

Gustavo Arango

And I looked around
trying to find a shoulder
and I just found my arm
on the floor

Penínsulas extrañas

CITY OF THE HILLS

At the dinner table people talk about
　how fond deer are of the taste of flowers
and about the movies summer will bring
　the kids movies the adventures movies
　the action movies all kind of movies
　　fun and more fun
and about how big one of them was
　in front of the natives when he was a soldier
and how another one, short and small,
　felt finally normal among friendly midgets
in Central America

At the dinner table trying to pass unnoticed
　I quietly eat my salad thinking ways of dying
　　without pain and clean

Arco iris nocturno

El oráculo

Te marcharás
  callado y para siempre
y del amor, la vida,
    habrás tenido algunas horas fugitivas

Gustavo Arango

     Una agudísima y fiera lucidez
       como de primer día del resto de la vida
     Noche y miedo y olvido
       en el vacío espejo del ahora
     Un viejo sentimiento recobrado
      me reinstalo en la noche
        y el silencio
     Escuchando las brisas de los sueños
     sabiendo todo de una vez
       y sin palabras
     Un día nada es
      fragilidad durmiendo
          vela un fuego

Paisaje de invierno

Una sola hoja
  entre las ramas
  resistió las nevadas,
quemada, mojada, cobriza.

El mundo es grande y muero

Gustavo Arango

AHORA ENTIENDO

Ahora entiendo el dolor, la impotencia
la rabia del que sabe y se niega a admitir
que se ha quedado solo,
hablando una lengua que nadie más habla

Entiendo la incredulidad, el desconcierto
del que ve su corazón hecho pedazos
y no puede detener al que lo daña

Entiendo al fin la terquedad inexplicable
del que teje esperanzas con olvido y silencio,
del que limpia su alma de rencores
como quien cuida un traje que nunca va a vestir,
la inútil devoción del que cultiva
un jardín cuyas flores nadie sueña recibir

Esta tarde

Esta tarde
　en el lujo de la siesta
sentí entre los dientes
　el sabor de mi muerte

Supe, desde dentro de la boca,
　desde el centro vibrante de mi cráneo
que todo eso yacería, quizá pronto,
　despojado para siempre de la vida

Arco iris nocturno

Despierto en un paraje
 perdido de la noche
las brisas son tranquilas
 el tiempo es apacible
huye mi corazón despavorido

Ediciones *El pozo*
Oneonta- New York

www.ingramcontent.com/pod-product-compliance
Lightning Source LLC
Chambersburg PA
CBHW031415040426
42444CB00005B/583